JN440188

이철호 시집

노을 속으로

문학사계

머리말

어린 시절부터 무엇인가를 가슴 깊이 심어보고 싶었습니다. 마음이 울적할 때마다 허허로움의 빈 곳을 채우기 위해 늦은 나이에 시 공부를 한답시고 끄적여 보았습니다. 어둠 속의 나를 한줄기 빛이 있는 곳으로 이끌어주신 지인의 인도로 스승님께 사사한 지 10년이 되었습니다.

스승님께서 첫날 하신 말씀이 생각납니다. "시인은 순간과 영원을 포착할 줄 아는 창조적 상상력을 발휘해야 한다."는 말씀이었습니다. 나는 그 말씀을 평생의 교훈으로 간직하고 살 것입니다. 시심을 늘 샘물처럼 가슴에 지니고 살면서 영혼을 울리는 맑고 따뜻한 시를 쓰고자 합니다.

나를 성찰하면서 고독한 순간들을 아름답게 승화시켜 누구에게나 감동으로 전해지는 시를 쓰고자 합니다. 오두막집 석유 등잔처럼 가늘게 흔들리는 미약하고 초라한 불꽃이지만 어둠을 밝히는 글을 쓰며 살고자 합니다. 부끄러운 글이지만 그동안 써서 발표한 작품들을 한자리에 모았습니다.

애오라지 소담한 열매를 책으로 펴내기까지 정성껏 지도해 주신 스승님께 사의를 표합니다. 내세울 것 없는 저를 위로와 사랑으로 감싸주신 문학가족 여러 선배, 문우들께 진심으로 감사드리고 언제나 초심을 잃지 않는 시인이 되고자 합니다.

단기 4345년(서기 2012년) 8월
산포도 익어가는 태조산 끝자락에서

浩昃 李喆浩

이철호 시집 | 차례

2부 소라의 노래

3부 계절의 향기

4부 고향 가는 길

5부 남기지 않으리

1부 유년의 달

풀벌레 소리에 휘감기는 여울목
고향 찾아 들녘을 걸으면
눈썹달이 노송 위에 걸린다

유년의 달

유년의 추억이 묻어있는
곱돌재 언덕 들국화 꽃잎에
초승달 빛이 풀어져 내린다.

땅거미 기어 넘는 들녘
만종晩鐘 소리 황혼에 잠기면
다듬이 소리 아득한
어머니 다정한 이야기
귓전에 남실남실 들려온다.

은행잎이 내려와 앉은 평상에
삼남매 모여앉아 풋 나락 훑어
소쩍궁 솥적다 절구 방아 찧은 알곡
햅쌀밥 지어 늦은 저녁 먹을 때의
설익은 그 맛, 익은 세월이 아려온다.

풀벌레 소리에 휘감기는 여울목
모여드는 달빛 고향 찾아
고요한 들녘을 걸으면
다시 올 수 없는 유년
눈썹달이 노송 위에 걸린다.

고사한 노목

살아서 천년 죽어서 천년
수천 년 생명을 펼쳐놓아도
언제나 겸허한 삶

까마귀들이 내려앉는
망연한 골짜기에
푸른 달빛 아래
동안거冬安居 참선중이라네.

이파리를 미련 없이 버리고
공상 펼치던 긴 세월은
뜬구름처럼 흘러가더니
속세를 저만치 내려보고 섰네.

무심히 보낸 세월
삼독 오욕 칠정 다 떨구고
한 그루 고목으로 남아
죽음을 건너뛰고 섰네.

워낭소리

새벽을 여는 예불
도솔천 물소리와 교감하고
영혼을 울리는 진여眞如의 소리……

묵묵히 걷는 우보천리牛步千里
애절함을 대신하는
청량한 울림이 서러워라.

염주 빛 눈망울에 영혼이 살아
끊임없는 진리의 새김질
생명의 뿌리가 흔들려도 초연한 침묵
생각을 잿기질하는 묵언 수행자,

온화한 불성佛性으로
티끌 같은 아상我相을 버리고
인연因緣 따라 복종하는 순박함은
사바娑婆에서 벗어나 본성으로 가는 길,

농심에 순응하며
삶과 죽음의 경계가 없는
정직한 해탈의 심우도尋牛圖※

생의 의지를 지켜내는 숨결
온 세상이 잠들어도 깨어있는 소리는
성불成佛로 가는 반야般若의 소리……

※ 심우도(尋牛圖) : 관념의 소를 길들여 자신의 본성을 찾아가는 선 수행법을 10단계로 그린 그림[十牛圖].

산벚꽃

화려한 시간의 허울 쓰고
시원始原의 생이 불탄다.

짧은 봄 한 철
인연의 몸짓으로
아름다운 손 흔들며 느낌표 찍고 간다.

우리 흙을 먹고 태어난 생명
흙으로 돌아가는 윤회의 행간
허물 하얗게 덮고
영혼의 껍질 흔들며 가자.

가야할 때를 아는 안내자처럼
꽃상여에 실려 가면 그만이지
있다 한들 본래 있던 것
잃었다 한들 본래 없던 것을
흙으로 가는 길 가짐이 어찌 그리 중한가.

일체가 공空인 것을
그저 그냥 티끌 하나 없이
원점이 되어 빈 마음으로 다녀간다.

노을

日常이 되어버린
공원 풍경이 노을에 진다.

속절없이 달려온
인생의 파란 만장,
시간의 뗏목에 강을 건넜다.

한 때는 대들보 떠받친 기둥이었으나
세월의 여울목으로 흐르다가
퇴출로 내몰린
그늘진 인생의 뒤안길.

이력서처럼 쌓여가는
낙엽 같은 허무를 바랑에 지고
한 자락 우연을 잡으려
팔을 벌리다 하늘을 본다.

삶이 퇴색된 공지는
비둘기 쪼아대다 떠난 자리
어스름이 내리는 끝자락
풍상風霜이 쓸고 간 지상은
바둑알이 놓였던 빈자리.

다선송茶禪頌

고택의 백송이
솔바람 속으로
초의草衣를 살며시 부르는가보다.

세한歲寒의 긴 바람……
단계석端溪石※ 벼루에 구름 뜨면
고요히 써 내리는 예서隷書

황촉 불빛이
창호에 흔들리는 옥당에 앉아
차를 마시며 세상을 바라본다.

흰 구름은 대류무성大流無聲
차향은 대숲을 흐르고
묵향도 매화를 스쳐 흐른다.

조선 하늘에 그윽이 흐르는
금란지교의 은은한 향기
다반향초茶半香初※ 속에 숨겨진 미소
미혹迷惑에서 벗어나 선정禪定에 든다.

※ 단계석 : 중국의 광동성 단계에서 나는 질 좋은 벼루.

※ 다반향초(茶半香初) : 차를 마신지 오래되어도 그 향은 언제나 처음 그 맛. 늘 한결같은 원칙과 태도.

도배를 하면서

주인 없는 화단
분꽃, 과꽃, 채송화, 봉숭아, 맨드라미,
버림받은 식구들.

서로를 의지하며
이슬로 목을 축이고
잃어버린 사랑 찾아
꽃필 날을 기다린다.

속절없는 세월 속에
희미하게 남은 그리움의 자국
누렇게 퇴색된 벽지에
어머니의 손길이 지워져 간다.

외동딸로 태어나
살아생전 친정어머니 끼니 걱정에
하얀 싸리꽃
허기진 오월 꽃등 켜지면
눈물 젖은 어머니……

유품 하나라도

소중히 간직하겠다는 핑계로
자주 찾지 않은 고향집
외면당한 유리벽에 이슬이 흐른다.

당신의 침묵이 누워있는
빈자리에
싸리꽃 벽지를 바른다.

가난한 시간

링거액이 떨어질 때마다
초침이 사선死線을 달린다.

귀뚜라미 가슴 찢는
시골 병원의 중환자실
정체를 알 수 없는 기척에 놀라
창백하게 질린 형광등이 내려 본다.

여명의 꼬리를 붙들고
안개를 헤쳐 온 시간들
수술실 문이 열릴 때마다
생사의 갈림길이 열리고 닫힌다.

메스!
천사의 낮은 소리에
파리한 모래시계는 흘러내리고
피멍든 혈관마다
가늘게 떨어지는 링거액의 절규
핏기 없는 낮달 하나
반딧불같이 희미한 아버지가
피안彼岸의 들꽃을 헤아리고 있다.

천년의 미소

저 은광恩光이
천년을 밝혀왔네.

금빛 햇살
등에 지고 손 모으면
저렇게 편안하게 웃을 수가 있을까.

빛 따라
마음 따라
달라지는 고요한 미소

백제 길
부여성 가는 길
석공은 갔어도 그 미소는
고란사에서 은은하게 피어나네.

천혜天惠를 입은
신공神工의 손길
합장 속에 세월 감추고
해탈의 천년을 지켜온
마애삼존불의 미소 앞에서
망상의 신발을 벗어놓으려 하네.

빈잔

채우기 위해 비어 있는
기다림의 노을 빚은 잔

모래알 움켜쥔 손가락 사이로
빠져나가는 허무가 침묵을 밴다.

채워도 채워지지 않는
기다림의 빈 가슴

타는 입술로 닦아내어도
채우지 못한 고독을
따뜻한 가슴에 녹여내는
비울 수 없는 신기루.

연가

사공 없는 빈 나루
새벽잠을 설친 쪽배는
몸부림치며 바람을 일으킵니다.

이별 연습도 없이
휩쓸어 가버린 언약
가슴에 박힌 이름 하나 강물에 띄웁니다.

산수유 노랗게 물들 때
보조개 꽃 피우며
연초록 바람을 끼고 다가와
나룻배 되고 상앗대 되자던 당신
물안개처럼 쉽게 사라져 갔습니다.

강물은 무심히 흘러가고
강가에 홀로 서있는 솟대 위에
지친 물새 한 마리
밤새워 이별의 노래를 부릅니다.

소녀

하얀 교복에
단발머리가 예쁜 소녀
문학을 사랑하는 둘이 되자고
꽃 편지 고이 접어주던 소녀
기적이 울고 가는 고향 역
잊지 말자 손수건 흔들며
서울로 떠난 소녀

엇갈린 인연 어느덧 세월 헤매다가
그리움의 몸짓 고독으로 무장하고
노을 진 인생 낡은 목선 하나
시의 길로 외롭게 노를 저어 왔건만

그리움의 씨앗을 떨구고 간 소녀는
허공 속에 외로움 뿌려놓고
바람이 되어 떠났다.

가슴속에 담아둔 말 한 마디
유년의 작은 이야기
아른거리는 물그림자일 뿐
이미 나를 떠난 첫사랑이었다.

文仙亭

용산으로 용산으로
紫雲을 가르며 달리는 열차
詩의 입자들이 차창을 두드린다.

쪼그려 앉은 기다림이
마음을 움직이는 금요일
아름다운 꿈이 있는 용산으로

생활을 벗어놓고
始原을 찾아가는 나는
새벽 열차로 거슬러 올라간다.

향기로운 꽃이 피는
창조의 시간
임들이 사랑의 눈빛으로
웃음을 여는 文仙亭

영혼이 승화하는
한편의 詩를 다듬으며
오동나무에 깃드는 새처럼
빛나는 눈동자 그리워 찾아간다.

첫발

응석받이 막내가
첫발을 내 드디었다.

꿈길이 열리던 날
목에는 금성 같은 목걸이
보름달만한 귀걸이를 달고
미지의 세계로 치닫는다.

은하수처럼 화장을 하고
눈 시린 아이섀도와
앵두 같은 입술에
양광陽光 루즈가 빛난다.

처음으로 신어보는 하이힐은
아직 세상을 밟아보지 못하여
앞꿈치로 걷는 모습이 위태롭다.

아득하고 드넓은 세상
비취 빛 하늘에
보름달 부풀어 오르듯
푸른 꿈 부풀리며 첫 걸음 뗀다.

청춘의 물결

햇살이 파도를 빗질하고 있다.

학기마다 새롭게 물결치는 교정
아름다운 결실을 위하여
푸른 소망을 가슴에 안고
새롭게 청춘을 열어간다.

학성산 정기 내리는
학문의 용천湧泉에서
넘쳐흐르는 정열로
세상 보는 방법을 터득하며
풍성한 지식의 상아탑을 쌓아간다.

내일을 향하여 쏘아올린 불꽃
인간사랑 실천도덕 "仁, 義, 禮, 智"
사단四端을 실천하며
민들레처럼 알찬 씨앗이 되어
푸른 꿈을 안고
넓은 세상으로 꿈을 펼친다.

흔적 1

착각 시계가 허공을 걷는다.

수면 위를 구르는 하얀 물방울처럼
흔적을 남기고 사라진
애증愛憎의 덩어리 앙금이 된다.

사랑이 멈추어 있는 지금
부서진 상처 아문다하여도
끝과 시작은 의미 없는 법.

꽃잎에 미끄러지는
아침이슬 맑은 이별처럼
육탈된 내 영혼 한 자락
시 한편에 머물 수 있을지……

흔적 2

老松이 시묘살이를 하고 있다.

하현달 내려앉은
쓸쓸한 무덤가에서.

갈기갈기 찢긴
이름 없는 여인들의 넋들
솔가지에 매달려 통곡하는가.

위패처럼 새겨진 흔적
영혼마저 찢겨진 진액의
눈물이 가슴 사이로 흘러내린다.

피로 물든 상흔傷痕
지울 수 없는 질곡의 세월
처연하게 들려오는 흐느낌
탄식의 비석에 조문하는 바람……

태평양 전쟁의 막바지
더럽혀진 이 땅에 뿌리내려
어두운 시대를 이어온 역사의 증인
환란을 이겨낸 千年松의 숨결이었다.

바람의 말

외면하려 함은
사랑하기 때문이라고

하늘만 올려보는 것은
구원을 얻으려 함이라고

말하지 않으려 함은
기다림의 여분이기 때문이라고

허공에 떠도는 바람은
한 가닥 스쳐간 인연이라고

바람처럼 스쳐가면서
그가 한 마지막 말이었다.

너와집

화전골 너와집으로
별이 쏟아지고 있었다.

연 홍시 붉은 마을
갈잎 내려앉은 오두막
석유 등잔의 흐린 빛이
지게문에 흔들렸다.

빈 마당에
소복으로 내리는 달빛이
멜빵 끊긴 지게를
어루만지고 있었다.

곡간열쇠

허리춤에 감추어진
진여眞如의 비밀.

언젠가는 비워야 하는
무량無量의 질서
할머니가 남겨준 미덕입니다.

눈물로 물려받아
나눔으로 지켜낸
어머니 가슴은 곡간,

후덕한 손길에
소박하게 채워지는
농심農心의 곡간,

빗장을 벗기면
풍요로 열리는 소리
인심 나는 소리
향기 흐르는 진언입니다.

모래시계

모래알 같은 이야기를 만들며
얼마나 많은 시간이 흘러갔을까

생존의 부스러기가
시간 속으로 떨어지는 소리

초조한 영혼
유성처럼 사라져 가는 소리

채울 수 없는 미래가
나이테 속에서 빠져나간다.

들끓는 불가마 세상
불꽃 같은 삶의 한 조각
세속의 시간을 다 태우고
무욕의 침묵 속으로 침잠한다.

2부 소라의 노래

아득히 들릴 듯 말 듯
사락사락 뒤척이는 파도
떠나간 사람 은밀한 속삭임

소라의 노래

소라의 가슴에는
언제나 바다가 밀려온다.

그 노래 들으려
바다를 담아 와도
외롭기만 한 겨울바다

가만히 귀 기울이면
만선을 꿈꾸는 어부들
이여라 이엿차 그물질 소리

아득히
들릴 듯 말 듯
사락사락 뒤척이는 파도

떠나간 사람
은밀한 속삭임 같은
해녀들의 숨비 소리 들려온다.

해변의 노래

해변의 하루가 진다.

자운을 마시며 불타는 눈으로
천지를 더듬으며
황금빛 햇살을 토하더니,

서해로 끌려가는 하루
외로운 배는 갈매기 날개 뒤로 숨고
황금 비늘 따라 빨려가는 낙조는
그물망 속에서 조각나며
바다 교향시를 쓴다.

핏빛 수평선 위로
작은 섬들이 돌아나가고
기러기 목청을 고르며
황혼에 젖은 저녁 바다
모래톱 위로 오르는 음표의 물결
고별의 노래를 연주한다.

겨울 바다

마음에 파도가 일면
푸른 바다를 찾는다.

포말 끝으로 밀려가는
망망대해에 작은 섬 하나
풍랑 따라 외로이 떠간다.

창망의 물굽이
휘몰아오는 과거처럼
가슴으로 밀려오는 그리움

죽었다 살아나는
끊임없는 태동胎動에서
역동의 지혜를 배우고
혜안慧眼의 깊음을 깨닫는다.

태풍의 분노, 폭풍의 노도
고통과 두려움 왜 없으랴
다시 올 평온함을 기다리며
넓은 가슴으로 받아들이는 창해滄海

삶에 평범하지 않고
무서울 때 자신을 잃지 않는
소박한 저 검푸른 바다를 보며
패배와 절망의 치료법을 배운다.

바닷가에서

천년의 연서
밀물과 썰물로 속삭였다.

녹아내리는 그리움
허허로움으로 방울져 떨어진다.

저쪽에 길이 있으면
함께 가자던 약속
모래위의 발자국처럼
거친 파도에 쓸려갔다.

사랑의 조각들이
갯바위에 부딪쳐 표류하는
물위에 쓴 연서들……

파도가 울고 간 해변
돌아보면 아무도 없는 목소리
앞선 것 같고 뒷선 것 같은
끊긴 듯 들려오는 속삭임의 물결.

지심도

동박새 숨어사는 동백섬
세월을 등진 왜군倭軍 숙소에
봄 안개 차갑게 내려앉는다.

태평양 전쟁의 전초기지
지금은 해군 작전지역
접근할 수 없는 통제의 땅

해룡海龍처럼 밀려오는 파도 너머로
꿈을 상실한 검붉은 소라
장승포 불빛에 목을 늘인다.

역사의 수레바퀴에서 멈출 줄 모르는
비정非情의 해조음 들으며
잠겼다 살아나는 갯바위에
한 사나이가 석양 타고 앉았다.

아득한 저녁 바다 한 끝
세월을 반추하는
노을이 동백꽃 속으로 눕는다.

노을 속으로

저녁연기
노을 속으로
강마을을 안아가고

청운사 종소리
푸른 물결에 실려
강물 따라 흘러가네.

하늘 가에
속세를 벗어놓은 저 백로白鷺
무엇이 그리워 울며 가는가.

사랑과 미움
가슴에 남아 있다고
누가 비우라 하는가.

한 세월
인연 다 풀어놓고
아무 흔적도 없이
노을 속으로 스며드네.

남당리

망둥이 뛰노는
석굴의 고향 남당리

밤을 새운 고깃배가
낮잠을 늘어지게 잔다.

가끔은 꿈을 꾸는지
온몸을 뒤틀며 잠꼬대를 하는 포구.

새우 파는 할머니
굽은 등 넘어
가파른 생의 오후가
혼몽한 바람을 물고 간다.

보랏빛 구름만
넋 없이 스러지는
공생할 수 없는 낮과 밤
핏빛 바다에 뿌려놓은
포구의 하루가 녹아내린다.

저녁 바다

해조海潮의 속삭임이
멀어져 가는 저녁 바다

당신 얼굴 그려놓은
흰 구름 한 점
수평선 따라 오라 했더니

노을에 붙잡혀
오지 못하고
별빛 고인 만공滿空으로 떠났네.

풍경

수평선을 베고 누운
저녁노을이 술청에 들고

벼 벤 그루터기만 남은 들녘
남루한 법의 걸친
허수아비 법열法悅에 든다.

대숲에 숨어온 어둠이
비둘기를 몰고 와
신화神話 속 하루를 잠재운다.

풍경소리

깊은 산 고적한 산사山寺
풍경은 참선에서 깨어나는가.

시름 걸어놓은
영혼의 정토음淨土音.

고해苦海의 티끌 털고
새벽을 여는 해탈음……

끝없는 하늘에

끝없는 하늘에
밭을 일구시는 이는 누구입니까

그 하늘 밭에
계절의 노래를 부르는 이는 누구십니까

신농씨 손끝에 구름이 뿌려지고
바람에 흔들리면 파란 가을이 솟아납니다.

노을

노을이 부끄럼을 타면서
저만치 빗겨 가고 있다.

어둠이 내리기 전
쪽빛 꿈에 부푼 세월

기다림에 지쳐 떨어지는
조령산 단풍처럼,

그리움 한 아름
빈 가슴에 번지고 있다.

안개

아침의 베일이
청산과 유수를 덮는다.

깊은 어둠의 구렁에
침몰하지 않고 신화처럼
미지의 세상을 걷는 시간

뒤엉킨 세류를
기척도 없이 은밀하게
씻어내는 최초의 개척자

신비의 아침이 열리는
거짓 없는 고요한 입김
풀잎마다 초롱초롱 여명을 달아놓고
무형無形의 길 따라 승천한다.

뜬구름

내 마음은
구름 위의 누각

머물 곳 없이
허상에 붙잡혀도
알 수 없는 하늘

혼자일 때
더욱 내가 아닌
그래서 알 수 없는
나……

심연에 흐르는
깊은 물이 아니라
잡을 수 없는 뜬구름.

秋景

계절의 수를 놓는
붉은 감잎이
떨어지는 감 마을

발가벗은 홍시들이
이브의 정원에서
포즈를 취하고 있네.

실바람
눈부신 속살을 더듬고
태양도 활짝 옷을 벗네.

멋스런 풍경에
줌렌즈는 윙크를 하고
다홍빛 유두에 이슬이 맺혔네.

황홀한 순간을
영원 속으로 밀어 넣고
열었다 닫히는 셔터소리
가을 속 누드 사진을 찍는 중……

제월대除月臺에서

청자靑磁 빛 물이랑 이는 괴강
손님 없는 빈 나루에
세월만 해조처럼 빠져나갔다.

숲속 고산정孤山亭에 가을이 깊어도
호걸豪傑은 간곳없고
풀벌레만 전설을 이야기한다.

붓 끝에 살아난 학의 비상
풍상의 진애塵埃 쌓인 편액扁額에
가냘프게 실렸구나.

시선詩仙의 꿈도 뜬구름에 가고
단청 사라진 처마 끝
조선朝鮮 풍경風磬 처연한데
소슬한 바람만 아는체한다.

월악산에서

여명을 밟으며
제비봉에 오르니
보랏빛 휘장이 드리워졌네.

거대한 숨결 토해내는
자운紫雲이 산허리를 휘감으며
티 없는 청산에 웃음꽃 피네.

봄빛 깊어가는 남한강
창랑滄浪의 물결 위에
파르란 수정水晶으로 세공한 금수산
호심에 높이 솟아있고

한껏 멋을 부린 옥순봉이
죽순처럼 구름 타고 앉아
은가루 뿌린 달떡을 야금거리네.

시운이 감도는 구담정龜潭亭
구름과 바람 쉬어가는 누옥에서
일상日常의 번뇌를 벗어놓으면
자유로운 호기浩氣를 이제 알겠네.

하늘재를 넘으며

하늘재를 넘으며
천년 하늘을 바라본다.

통한의 눈물로 얼룩진 산하
청산에 흐르는 향가鄕歌
사선死線을 넘은 고독한 왕자
천년 왕국의 향불이 꺼졌다.

비련의 덕주 공주 염불소리
수척한 노을에 묻어놓고
죽장에 빛바랜 마의麻衣
신라 등불 다시 켠들 무엇 하랴.

태우지 못한 불꽃
비운의 광대가 되어
이반離叛의 땅에
정한情恨을 묻어두고
무심한 세월 하늘재를 넘는다.

조령산 과거 길

시인 묵객이 아니라도
넘고 싶은 조령산 과거 길에
낙엽이 쌓인다.

질주하는 세월의 광풍 속
황금 빛 따라 절정을 이룬
가을 깊은 문경새재.

신선봉에 괴나리봇짐 걸어놓으면
해는 용추의 눈을 비추고
주흘산 바람은 구름을 몰아온다.

조령주 술잔에 달빛 흐르고
동화원 주모 눈길에
한양길이 아득하게 풀린다.

가을 풍경 1

하얀 속옷 벗어 던진 하늘
고추멍석에 내려와 누워 잔다.

투명한 허공에
빨갛게 낙서하고 돌아온
고추잠자리 떼가 석양에 녹아내리고

가느다란 싸리나무 끝에 앉아
가슴 속 바람을 일으키며
가을 깊은 눈으로 먼 산을 본다.

꼬리 끝 하늘가에
수의壽衣로 치장한 송장사마귀
가을 산을 움켜쥐고 있다.

가을 풍경 2

허수아비가 참새를 쫓고
실바람이 황금 들녘을 애무한다.

금싸라기 볕이 쏟아지는
수수밭을 지나면
자갈 깔린 신작로가 나온다.

벌 나비 희롱할수록 웃는 코스모스
햇살에 한들한들
하늘과 소곤대는 꽃길에
예쁜 꼬마가
꽃 가방에 내려앉은 고추잠자리랑
가을이라 가을바람 노래하며 간다.

맑은 노래가 멀리 멀리
새털구름과 어울려
가을 하늘까지 소풍을 간다.

3부 계절의 향기

삶의 이정표를 그리며
낮은 곳으로 겸허하게
풀꽃들은 계시를 끝없이 펼친다.

꽃소식

봄바람에
꽃 소식이 몰려오네.

봄소식 엽서 한 장
사랑모아 피워냈네.

꽃잎 이슬에
무한한 하늘 열렸네.

봄이 오는 소리

새벽 산에 오르면
겨울을 녹이는 소리

가만히 귀 기울이면
알 수 없는 선율旋律이
가슴을 열고 다가온다.

고요한 움직임 속에서
욕심 없는 화해의 질서
오관을 연 나무들마다 물오르는 소리

연초록 소망을 딛고
깨어나는 화락和樂의 세상
봄빛의 환희가 숲속을 떠돈다.

투명하게 열리는 아침
희망찬 기운에 약동하는 숲들은
지맥 타고 오는 수액을 마시고
율동하는 봄길에 꽃향기 날린다.

노루귀

심심산골 눈 녹으니
발가벗은 노루귀
봄 오는 소리에 쫑긋거리네.

설한풍 견디며
바위틈에 수줍은 듯
몸 비벼 생명을 깨웠네.

길 없는 길
구름 가고 바람 오는
봄의 길목에 서서,

안개 헤쳐 내려온
햇살을 보듬고
영롱한 이슬에 입 맞추며
꽃잎을 배시시 피우네.

민들레

세월이 흘러도
갈수 없는 고향

장항선 철길에
노란 민들레
누이가 떠나간 자리에서 핀 꽃

나그네처럼
하늬바람에 날아온 홀씨
뿌리내려 햇발아래 웃고 있네.

가만히 드려다 보면
누이가 손짓하는 고향
내 유년의 향수가 숨어있네.

봄밤

나무도 눈 틀 때는
흔들리는 봄밤

소복으로 떨어지는
이화꽃잎이 서러워라.

향긋한 봄바람
초목을 훑고 간
저만치에 부엉이 뒤척이고,

애상의 불꽃이
꺼지지 않는 시름 속으로
고요히 파고드는 오월,

솔밭 사이로 쏟아지는
달빛 안으려 가슴 열어도
가루 하나 묻지 않는
적막한 이 밤……

봄을 뿌려놓은
봉수산 연록이
파랗게 달밤을 흔든다.

두상화頭狀花

빙하를 벗어나
햇빛 길 따라 온 민들레

눈 녹여 목욕하고
햇살 조각을 모아 핀
보드레한 아가 얼굴

아무도 모르게
고운 봄길 위에
가장 낮게 앉아 웃고 있네.

아롱아롱 아지랑이
물결치는 먼 나라
비췻빛 하늘 떠돌던 홀씨

신이 내린 은관 쓰고
이 세상 어디인가에
영원히 지지 않을
복음의 땅으로 날아가네.

질마재의 봄

미당 시맥 따라
산 넘고 강을 건너
종달새 하늘높이 지저귀는
질마재를 찾아 갑니다.

임의 무덤가에
영산홍이 서럽게 마중 나오고
산 꿩들이 국화 밭에서
아침이슬을 털고 있는 동천洞天.

석기시대 고서를 밟고
선운산 넘어온 봄비가
아니온 듯 푸른 언덕을
짙게 물들이고
문인들은 처음처럼
술잔에 시詩를 담아 재배를 합니다.

진달래 꽃비 오는
그 먼 유계幽界의 나라.

언제나 시인의 가슴에

머무르되 그저 머물지 않으시고
사랑의 언약과 연민한 국화꽃 한 송이를
심을 수 있게 하여 주심에
마냥 그리움이 살아납니다.

왕벚꽃

궁노루 뛰노는
백제로 가는 길
상왕산 열림의 도량

開心寺에
왕벚꽃 보러 갔더니
심검당 연못에 꽃잎만 떠돌데.

비구니의 길로 가신 공주
청춘을 깎아 바친 머리 올 같아
텅 빈 가슴 용마루 넘는
뜬구름만 같데.

꽃잎 날아간
개심문 밖 주막거리
팔만 사천 알갱이로 빚은
좁쌀 막걸리 잔속으로
범종 소리만 남실남실
허정虛靜 찾아 흐르데.

보리

엄동설한을 견디어
금파백리金波百里를 이뤘다.

가을부터 겨울 지나 여름까지
언 땅에 뿌리를 뻗어야 했다.

농부의 거친 손에 순종하는
조선낫의 숙명
온 들에 기꺼이 묶이어
도리깨질하는 유월의 하늘 아래
의총義塚처럼 알알이 쌓여갔다.

씨종자로 양식으로
엿기름으로 외양간으로
천명天命을 다한다.

때로는 눈물의 씨앗이라며
어지러운 세상 맥주로 태어나
어질어질 취해보기도 한다.

청보리꽃

고향 언덕 어디서 날아와 자리를 틀었는지 모르는 찔레꽃이 질그릇 무덤위에 향기를 뿜고 하얗게 봄을 부른다. 미혹迷惑의 꽃향기 취해 다가서면 벌과 나비가 한 가족을 이루어 부산하게 윙윙거릴 때 긴 봄날 보리피리 불며 배고픔을 달래던 유년. 앞산 뒷산에 뻐꾸기 자지러지게 울고 나른한 한나절 보리밭 이랑마다 보리 꽃이 아지랑이 끝에 매달려 파랗게 흔들린다. 찬 서리 지나간 보리밭에 들어서면 달무리 타고 오는 삼동三冬을 견디며 파란 싹이 소복이 몸 비비는 소리 하늘과 은밀히 이야기하는 중.

벌 나비 찾아주지 않아도
소슬바람 모아 꿈을 펼칠 뿐
요염한 몸짓으로 치장하지 않는다.

청보리 이랑에 바람 스며들고
종달새 짝을 지어 둥지 트는 곳
수런수런 외롭지 않게 살아간다.

혹독한 겨울 흙 밟고 견디어온
오월의 청보리는 농부의 가슴에 이는 바람
사춘의 갈증을 면케 하는 해결사.

마늘

징용 간 지아비 뼈골 땅에 묻고
가슴 뜯기며 독한 세월 살아온 청상

장장 험난한 풍상風霜을 넘어
보쌈에 싸여온 인고忍苦의 새색시

섬세한 손길 어루만지면
반골 맛으로 톡 쏘는 여인

삼베 두루마기, 무명치마, 단속곳
고요히 벗으면 속살 눈부신 몸피

하얀 살결 터질 듯한 자태
바라볼 때 까닭 모를 눈물

입 안 가득 혼신으로
감겨오는 짜릿함은 영원한 반려자

마늘과 쑥으로 연명하며
어둠을 견디고 거듭나신
곰 할머니의 사리舍利
씹히지 않는 그대는 조선 여인

들에 가면

들에 가면
정겨운 소리 들린다.

황금 들녘을 바라보면
말하지 않아도 알아듣는다.

글자가 없어도
수많은 고전古典 책들이
경전經典처럼 펼쳐져 있다.

향기로운 풀은
죄를 지을 줄도 모르고
원망과 오해도 모르는데
때에 맞추어 제 몫을 다한다.

삶의 이정표를 그리며
높아지려고만 하지 않고
낮은 곳으로 침잠하는 겸허한 자세
풀꽃들은 끝없는 계시啓示를 펼친다.

開心寺에서

용마루에 구름 도는
상왕산 개심사

봄날 연못 구름다리 거닐면
햇발아래 열리는 마음……

일주문을 지나
돌계단 올라서면
장생의 노송이 맞이하고,

바람결에 옷깃 날리면
왕벚꽃 밑에서
보살의 그늘에 잠든다.

천 년 전의 숲과
천 년을 침묵하는 바위와
향불 끝에 피어나는 염불 소리
인생도 한줄기 스치는 바람……

석류

철없던 시절
초경 아찔한 선혈처럼
양귀비보다도 붉은 정열로
순결의 속살을 붉히다가,

무서리 내리는 가을에
은밀한 미궁 속으로
받쳐 문 새콤한 정 나누며
소박한 꿈을 키워도 보았습니다.

가을 하늘은 만삭
햇살에 찔린 혼신
그리움의 질화로처럼
허공을 서성이며 헤집어도 보았고
엉큼하게 스치는 바람결에
눈길도 입술도 탐내었습니다.

새파란 별 떨기를
선혈로 토해낸 꽃잎마다
한 알 한 알 이슬에 씻어 담아
태동의 껍질이 벗겨질 때

쏟아지는 황금 빛 보자기에 싸여
태초太初의 별을 쏟아 내립니다.

낙엽

신의 섭리가 시작되면서
떠날 날을 기다리고 있었다.

햇빛을 받으며 비바람을 맞으며
허공의 유랑자가 될 때까지

세월의 무상無常함에
해를 향해 붉어가는 메마른 손
마지막 참회의 눈물로
이별의 아픔을 참아내었다.

가혹한 이 조락凋落을
사랑의 눈과 자비의 눈과
은혜의 눈으로
바라본 시절의 상흔傷痕

살고 죽는다는 의미는
떨어져가는 한 자락 낙서일 뿐
윤회전생輪廻轉生을 꿈꾸는
요원한 추상抽象의 몸짓
자연으로 가자고 손짓을 하였다.

가을 장미

한낮의 태양이
찬바람 기어드는 골목에서
시들어가는 계절을 어루만진다.

말 못 하는 벙어리
활활 타는 가슴
치유할 수 없는 몽유병

별을 헤이는 밤마다
하나 둘 메말라가는 기억들
잊혀져 가는 추억 한 자락

세월이 비껴간 손을 잡으려
가시 박힌 열망의 몸짓으로
가쁜 숨 고르며 기어오른다.

들국화

항강골 가는 길에
이름 없는 바람들이
손을 흔들며 반겨주더라.

모두들 떠나고 없는 고향
너마저 없으면 이 가을은
누구와 함께 달랠까.

봄 여름 가을 다 가고
소슬한 계절의 끝자락에서
가녀린 미소 마지막 남은 향기,

내 유년의 바다
꽃 속에 섬이 있어
기다림으로 주저앉은 나날들,

달빛 시린 가을밤
동동주를 걸러 마시며
잊혀져가는 향수를 달래리라.

단풍

서쪽 하늘에 불을 놓아
벌겋게 타는 노을같이
기억의 잔상殘像을 태우고 가거라.

저 창공을 가로지르는
마지막 태양의 소립자까지
영혼의 불빛 스미도록

생사를 넘나들며
불꽃에 소멸하는
사랑과 미움들……
누이의 작은 손처럼
보드랍게 어루만지며 가거라.

황혼의 언덕에
인생길 쉬어가는 벤치에도
낙엽 지고 안개 내리니
한 끝도 보이지 않는
어둠 한 자락
호젓한 안락의 뒤안길
가을 어스름으로 가거라.

억새

시월의 밤하늘에
차가운 별이 떨어지면
스며드는 바람에
이별의 손을 흔든다.

외로이 떠돌던 홀씨 하나
척박한 땅에 내려앉아
하얀 손끝에 소슬바람 모으고
얼굴 비비며 마지막 축제를 한다.

서리꽃 피는 언덕에서
가냘픈 몸 흔들려도
뿌리에 박힌 고뇌를 삭히며
언제나 이별을 연습한다.

가을이 시드는 밤
갈라진 구름 사이로
훔쳐보는 달빛에도
서러운 백발을 흔든다.

떡갈나무 숲에서

초겨울에
가냘픈 목숨이 나부낀다.

허영이 스쳐간
빈자리에서
조등弔燈처럼 흔들린다.

햇살이 비켜간
생의 끝자락에서
사선에 매달린 채
양감을 연출하는가.

떨구지 못한
고달픈 생의 부스러기
무상無常 세월 덧없음은
안식 없는 약한 영혼 때문인가.

이승의 흔적 스산히
외로움에 지쳐 흔들리는
안개를 밀어내는 손짓
마지막 발자국에 바삭거린다.

가을 장마

타락한 난기류
또 하나의 천지를 창조하려는지
한줄기 허무가 쏟아진다.

한 철 다하지 못한
푸념과 분노를 가슴에 안고
목마른 사막에나 내리지
당돌하게 달려와 어쩌란 말이냐.

시원始原을 뒤집는 모진 횡포라도
어머니의 약손처럼
아픈 상처는 치유되는 것
대자연은 타락하지 않느니라.

4부 고향 가는 길

철새가 서리 밭에 내리면
벼 벤 그루터기마다
빈손으로 오시는 아버지

失鄕

굴렁쇠 굴리던 길을 따라가면
소쩍새 우는 오지 마을에
잊을 수 없는 곳이 있습니다.

봄 안개 길게 피어나는 끝에
어머니 볼우물처럼 깊게 패인 노을이
아스라이 손짓하던 그 곳에는

종다리 하늘 높이 그네를 타고
풀피리 가슴에 가득 스치면
보리밭 이랑마다 바람 드는 살미골

조팝꽃 이슬 맺히던 밤
먼 산 바라보던 어머니가
아버지 따라 청산으로 가시고

물그림자 길게 돌아앉은 강가에
표정 없는 애늙은이가
소박한 옛 꿈을 떠올립니다.

뜬구름처럼 사라진 꿈

땅거미 홀로 내리는 고향
잊혀지지 않는 고향입니다.

고향 가는 길

여름 떠난 자리에
가을이 앉아 있습니다.

그 길 따라 한참을 가다 보면
황금 빛 술렁이는 논두렁 건너에
억새 바람 이는 틈새로
계절을 노래하는
허수아비가 서 있습니다.

나뭇잎 마를 때
저무는 햇살도 마르는 하늘
외로움을 달고 가는 철새가
서리 밭에 내리면
벼 벤 그루터기 마다
빈손으로 오시는 아버지
고향이 백발로 오십니다.

한눈 파는 사이
세월의 허무를 안타까워하며
돌팔매질을 하던 고향
고향 가는 길은 언제나 더딥니다.

세월

장독대 위에
어머니의 주술이 흐른다.

정안수 사발에
초승달 머물다 가면
한숨소리 눌러 끄고
별을 보는 애잔한 모습.

바람 잘 날 없는 집안
근심 걱정에 머리에는
세월이 또 하나 늘어갔다.

여정旅情 1

기적을 울리며 가는 야간열차
지친 몸을 맡긴 채
헝클어진 생각들을 정돈한다.

유리창에 어리는 낯익은 동행자
차창에 흔들리며
에누리 없는 세월을 반추한다.

초라해 보이는 사나이가
스쳐가는 풍경 속으로
詩를 붙들려 하고 있다.

인생은 行雲流水
어디서 와서 어디로 가는가
산처럼 살다가 물처럼 가라한다.

바람에 날리는 소리처럼……

여정旅情 2

푸른 하늘에
하얀 구름 한 조각

시름 싣고
백악산 넘는 편주片舟

세월 따라 떠도는
경각頃刻의 세상

평등하고 차별이 없는
말하지 않아도 가슴으로 아는
번뇌 없는 동천洞天
구름에 달 가듯 가고 싶다.

할미꽃

봄빛 흥건한 산모퉁이를 돌면
햇살도 퍼질러 앉은 무덤가에
아득한 그리움이 살아오네.

옹이가 박힌 가슴
마파람을 달고 사신 할머니
흰 구름에 애잔한 웃음이 피네.

바람에도 흔들리지 않는
관음보살 닮은 손
정안수 올려놓은 손

올 봄에도 자주고름 유난히
노을로 빗질하는 산모퉁이에서
세모시 갈아입은 할미꽃 피네.

고향을 찾아도

모과향내 흐르는
달빛 속을 순이와 걸었지.

빈 버스는
흙먼지 일으키며 떠나고,

흔적 하나 없이
거미마저 깃들 수 없는
고향 집터는 공지뿐……

반겨주던 벗들은
바람 따라 풍문 따라 떠나고
어버이 잠든 무덤가
잡초만 덧없이 우거졌네.

고향을 찾아도
모과향내 흐르던
옛 자취 찾을 길 없고
풀벌레소리만 노을 속으로 잦아드네.

목화밭

대지리 산마을은
외할아버지의 고향

목화밭에 피었던
하얀 미소가 벙그네.

몽실몽실 피어난 목화송이는
보드라운 엄마의 젖가슴

목화 따는 외할머니
어깨 위에 아련한 노을이 물들고
얼룩배기 황소 등에 하루가 지네.

산바람 타고 들려오는
외할머니의 숨소리 달달 다르륵
숨 가쁜 물레그림자 창호지에 떠도네.

물레에 감기는 전설 같은 이야기
산마을 허리 두른 안개처럼
피어나는 유년의 그리움……

素服의 달빛
포근히 내려앉던 목화밭에는
삼삼한 얼굴이 웃고 있다네.

낯선 시간

생로병사가 스쳐간 들녘
계절의 끝을 잡은 억새꽃이
낯선 문턱에서 하얗게 손을 흔든다.

마음 한 점 남김없이
번뇌의 옷 훨훨 벗어 던지고
조등弔燈 따라 가듯이 떠난 요양원

망각의 삶
기억도 멈춘 불안한 시간
창백한 얼굴에 무상無常이 스친다.

새벽 별 머리에 이고
가난에 찌든 좌판에 매달려
청상靑孀의 고독을 넘어온 세월

당신이 밝혀놓은 등불
아름다워야 할 인생길
무거운 멍에 벗지 못하고,

말 한마디 못한 채

꺼져가는 영혼의 불꽃
설움의 시간만 미망未忘의 언덕을 넘어간다.

그리움

소슬한 가을 밤
팔을 베고 누워 달을 본다.

고향 하늘에 떠있는 달은
순이의 눈썹
천상의 새가 노래하며 간다.

은하 흐르는 강 언덕
풀잎들도 볼을 비비는데
섬처럼 누운 채 눈썹을 본다.

빈 가슴에 밀려오는 향수
말하려 하지 말자
가을 속 고향이 탄다.

짝사랑

한 발자국 다가가면
그림자 밟을까 망설이고
두 발자국 다가서면
마음 건드릴까 두렵데.

한 발자국 물러서면
용기 없다 괴롭고
두 발자국 물러서면
잊혀질까 두렵데.

당신의 그림자 모서리에
고목처럼 서있는 나는
또 한 세월 빈 채로 가데.

숫한 세월이 흐른 후에야
알아차린 불면의 긴 밤
소리 죽은 그리움……

나의 사랑은 꽃잎처럼
풀어놓은 바람 따라 지고 말데.

연분緣分

이유를 말하지 말아요.

끈끈한 情은
비교하지 않고
믿음으로 두터워진 사랑.

하늘의 뜻에 따라
실타래처럼 이어진 인연
꺼져가는 불씨는 되지 말아요.

침묵이 고인 가슴
시련의 매듭을 풀고
햇살 품은 아침이슬이
느낌표처럼 매달린 기억들—

저 황량한 고원에서
벼랑을 넘나들며
청정의 삶을 살아가는
야생 양의 신선한 삶같이.

오래된 눈빛

처음처럼 바라보며
또 다른 깨달음으로
티끌 다 털어버리고
온유한 사랑을 품은
자유인이 되고 싶어요.

꽃구름

아가 손에
소망을 쥐고

둥개둥개
행복 노래

예쁜 볼에
옹알이 피면

엄마 사랑
아빠 웃음

넓고 깊은
우리 집 행복

몽실 몽실
꽃구름 피네.

여명黎明

어둠을 뚫고
태반에서 태동하는
대지의 입김이 아침을 연다.

태조산에서 잠을 깬 멧새들이
빌딩 숲을 뚫고
꿈의 창가에 날아와
세속에 잠든 나를 깨운다.

해조海潮처럼
가슴에 흐르는 물결
삶의 포말들이 깨어날 때
나상을 드러내는 정체正體들
어지러운 생각을 헹구어 낸다.

새가 물어다 준 환희
눈꽃 같은 영롱함으로
창세기의 잠을 털고 일어난다.

부용芙蓉의 묘에서

광덕산 자락에서
산발한 바람이 울며 간다.

나뭇잎이 손짓해도
무덤은 말없이 누워 있다.

상사초 시드는 밤
풀벌레는 타라지게 울고
눈썹 같은 하현달도
적막을 베고 누웠다.

호리병 기울여 잔을 채우고
삼배 사배 절하자
낙엽이 우수수 내려와
옷소매 자락을 휘적신다.

詩道가 얼마나 멀고도 험하냐고
거나한 김에 뇌까리자
돌아오는 산새소리
詩語로 쫑알거린다.

광덕사 범종소리 길게 늘어져
너울너울 구름바다 멀리
울고 울고 또 울고……

안락경安樂境

언젠가는 내 몸도
받아 안을 고향에
어머니처럼 가렵니다.

따뜻한 봄날
무덤가에 제비꽃이 피면
별빛에 시름 잠긴 고목으로
자그만 의자 하나 만들어 주오.

머나먼 그곳
맞아줄 사람 없어도
어머니 향기 품은 고향에서
한줌의 바람 안고 쉬었다 가리다.

풀잎 하나, 나뭇잎 하나에도
헤아리지 못한 이야기
달빛 뿌려 이슬로 빚는 신비음을
놓고 가야 할 나라가 있습니다.

오늘같이 조출한 밤
내가 남아 있음은

비워야 할, 채우지 못한 세월을
염주 알처럼 되돌리고 싶은 까닭입니다.

진혼제鎭魂祭

노을 끝자락의 억새가
하늘을 향하여 술렁일 때
광야를 가르며 날던 백로는
뿌리 깊은 울음을 뿌리며 간다.

포화에 이지러진 산협
초연硝煙 속으로 산화한 영혼
갈대도 머리 풀고 온몸으로 운다.

서리 먹음은 달이
하얀 뼈를 어루만지며
차갑게 오르면
바람에 잡힌 신대가
시누대 끝에서 떨고

비목碑木 사라진 돌무덤들
진혼곡鎭魂曲을 듣는가
하얀 무리의 처연한 행렬이
침묵의 노제路祭를 지낸다.

액자 속 풍경

미장원에 밀리어
소멸해 가도 전설처럼
세월을 지켜온 고향 이발소

사십년
액자 속 그림 한 장
주인의 주름살만큼이나 늙었네.

꿈속 같은 비경
골골마다 폭포수는 투신하고
기암괴석 사이사이 기이한 잔솔

강물에 낚싯대 드리운 노인
시름을 낚는데
뱃전에 부딪치는 달빛은
사공을 싣고 어디로 가는가.

오래된 눈빛
때 묻은 세월
새소리, 물소리, 바람소리도
박제된 시간에 갇혀 사네.

고향 이발소

이야기가 새끼 치는 곳
작은 마을 어른들 의사당에서는
고소한 누룽지 냄새가 났다.

세사에 떠도는 동네 소식은 물론
시국 돌아가는 이야기까지
우체국 전보보다도 빨랐다.

이발경력 사십년사의 입담
동네의 크고 작은 송사를
명쾌하게 판결하는 포청천이다.

그중에서 군침이 도는 냄새는
미운 놈 잘근잘근 씹는
곰삭은 냄새가 제일 고소하다.

살수殺手처럼
집안 망신 동네 망신시킨 놈들
보자기에 씌워 머리 자르는 멋쟁이
정겨운 이야기를 노릇노릇 볶아낸다.

위정자들이 구린내를 풍기는
썩어빠진 국회의사당보다
구수한 누룽지 냄새 흐르는
내 고향 이발소는 마지막 보루였다.

5부 남기지 않으리

먼 산 구름 가듯
말없이 가면 그뿐이지
가슴에 담고 가면 무엇 하나

남기지 않으리

탐욕이며 애욕
인연을 야멸차게 끊고

청풍이 가슴 열어
풀어 헤친 길을 따라

먼 산 구름 가듯
말없이 가면 그뿐이지

빈 채로 흐르는 세월
가슴에 담고 가면 무엇 하나

채운彩雲 같은 미련
청산에 한 점도 남기지 않으리.

산사 정경

합장하는 산
밤하늘의 별이 눈 속에 뜨고
적막이 눈 속에 숨는다.

팔경八景의 아침을 여는 청도 운문사
시방세계를 달래는 영혼의 새벽
번뇌煩惱의 바다 건너
풍경소리 아스라이 다가온다.

선풍禪風 감도는 법당
여래는 사르르 법열에 들고
가람伽藍의 세계를 여는
비구승의 염불
삼라만상 일깨우는
범종소리에 실려 퍼진다.

조선 향나무

무아無我의 공간에서 풍상을 견디며
진여眞如의 향기를 풍기고 있네.

근원을 알지 못할 곳에서
뿌리 내린 씨알 하나
해변의 벼랑 끝 바위틈에 좌정한 채
육신의 고통을 묵언수행으로
면벽面壁의 세월을 넘어왔네.

세속의 인연 버리고
산문에 들어와
청정한 창불唱佛소리로
번뇌를 씻어내는
목탁이 되고자 하네.

호남평야에서

하늘 끝
광활한 들녘
저 황금벌은 저절로 펼쳐진 게 아니다.

햇볕에 벼향기 무르녹는 평야
삽과 괭이도 힘차게
부딪치는 농심의 소리
지평선에 뻗쳤다.

한반도의 숨결
젖줄 뻗은 땅
역사의 한을 아는지
만경강 물줄기도 도도히 흘렀다.

열병 앓던 선조들
눈물로 지켜온 평야는
보드라운 숨결만 내뿜을 뿐
역사도 침묵으로 말하고 있었다.

山門

햇살이 산문을 열면
안개가 걷히고
때 묻은 마음이 씻겨 내리네.

불행의 그림자 도사리던
밤들이 쫓기고 쫓기다가
숨어들고 싶은 곳

남루한 장삼에
빈 바랑 무심히 떠나면
가랑잎도 으스스 흩어지네.

안개가 비켜간 나무 사이로
바람 따라 살며시
고운 햇살 몰려오고

움켜쥐었던 욕심의 손을 거두면
비워 낸 그림자 속
산문에 선 내가 보이네.

간이역簡易驛

열차가 꼬리를 감춘 뒤
초라한 군상이 흩어지자
어둠의 정막이 내려앉는다.

허수아비 같은 시그널께로
회상의 긴 그림자를 끌며
무성한 소문을 남긴 채 떠났다.

담쟁이 말라가는
역전 담벼락 가로등 아래
꼬막을 파는 할머니는
꼬막 같은 눈으로 섬을 보고 산다.

저무는 서해바다 낙조를 보며
돌아오지 않는 혈육을 기다리다
깊어가는 어둠을 깔고 앉아
망부석처럼 떠날 줄 몰랐다.

대합실을 거쳐 가는 사람들
구름처럼 정처없이
기억에서 멀어진 허상 속으로
어둠을 밟고 사라져 갔다.

술병

남루한 세월이 뒹굴고 있다.

서울역 지하도
어수선한 폐지 더미에
빈 술병들이 패잔병처럼 구른다.

도심의 늪에서
부랑浮浪의 삶을 살아도
작은 우산이 되어줄
유정有情의 집을 찾아 굴러간다.

돌보지 않는
묵정밭에 쑥이 돋아나듯
재활의 새싹을 틔워갔다.

떠나온 고향
정처 없는 시간
이대로는 가지 못하리……

손끝으로 한 땀 한 땀 떠온
금낭錦囊의 비밀을 풀어

세상의 문을 두드리는 노숙자
빈 술병으로 굴러다니고 있다.

酒母

눈을 맞는 주막
장작난로 주전자에 물이 끓네.

산간 초옥에서
하얀 박꽃을 사랑하며
이름 없는 여인이 되고 싶다더니

산 벚꽃
눈처럼 떨어지던 날
속세의 옷 벗어놓고
선문禪門 길로 가고자 하더니……

충청도 깊은 산
여우 나는 은티골 오두막에서
길손의 노곤함을 달래주는
옛날식 술청의 주모라네.

바람같이 스쳐간 인연은
덧없는 한 편의 뜬구름이라며
미소 짓는 충청도 아줌마
술잔에 외로움이 남실거리네.

탄광촌에서

함백선咸白線 굽이굽이
힘겹게 달리던 정선의 동맥
철길에 레일바이크가 새롭다.

약속의 땅
채탄기소리 들리지 않고
달빛만 쓸쓸히 터널을 들락거린다.

소금 꽃 얼굴에
석탄가루를 바르고 또 발라도
새까만 가난이 갱도 속처럼
깊게 파고든다던 함백 탄광촌

잊혀진 막장
영혼의 작별인 듯
생명의 소리 아득한데
꿈을 캐던 그들은 다 어디로 갔는가.

세월이 숨어 있는
기적의 땅 정선길
노을 빛 애환이 깔리는
철길 위에 망초꽃만 망연히 서성인다.

코리안 엔젤

주물공장 외국인 근로자
그들의 눈 속에는
야망의 쇳물이 끓는다.

우리도 한 때는
태양계에서 퇴출된 명왕성처럼
더 이상 별이 될 수 없는
빛을 잃은 동방의 별이었다.

산업도 문화도
분단의 아픔도
막장으로 치닫는 절망의 나라
암울했던 육십년대
훈우 아제는 파독 광부였다.

이역만리 미지의 땅 서독
이국에 울려 퍼지는 채탄기소리
초토화된 이 땅에
근대화의 불꽃을 피워냈다.

반만년

한 서린 가난을 태워버리고
부국富國의 초석이 된 코리안 엔젤※은
검은 개밋둑에 핀 민들레꽃이었다.

※ 코리안 엔젤 : 서독에서 불러준 애칭. "억척스러운 민족"의 별명.

두부장수 종소리

변두리 한적한 골목에서
남루가 숨죽이며 숨어있었다.

궁핍한 생활에
소박한 꿈을 지고 가던 두부장수
문명은 잔인한 야차夜叉였다.

가난과 역경으로부터
흔들림 없이 세월을 끌고 왔으나
으깨진 비지만큼이나 비릿한 세상.

장야궁長夜宮※ 속의
화려한 네온의 쇼핑몰에 짓눌려
모질고 무거운 짐이 된 희생자.

공허하게 울리는
사랑방의 기침소리
깨어진 종소리처럼 금이 갔다.

몸속을 공전하는 알약들
해소, 혈압, 당뇨, 통풍까지

언제나 동행자의 두드림을 받는다.

혼곤한 늪에서
가끔은 기울어진 어깨 넘어
젊은 날의 꿈을 꿀 때마다
새벽을 여는 소리 들린다.

※ 장야궁 : 하나라 걸왕이 주색(酒色)을 즐기기 위하여 지은 화려한 궁전.

몽당비

누더기 진 세월
가슴 뜯기며
티끌 속으로 일상을 내려놓았다.

도시 냄새 풍기는
쓰레기장 모퉁이에
꺾이고 닳아진 손발
뭉그러진 채 버려져 있다.

눈비가 오고 바람이 불어도
더러운 세상 쓸어내려고
제 살 다 내어준 불쌍한 것!

고향 두메산골에서
해가 가고 달이 가는 세월 먹고
법당 기둥이 되지
꽃 한번 피워보지 못하고
온몸 부서지도록 살아왔다.

출렁이는 도시의 바다
새벽 해장술에

가늘게 떨던 동반자 손을 놓고
한줌의 재가 되어 어머니 땅으로 떠났다.

동태

지우고 싶다
살신성인의 이름들.

바다에 태어나
바다를 먹고 살았어도
죄 많은 이름들을 가져 본 적이 없다.

명태라는 이름을
갖지 않았으면 그리도 모질게
살아가진 않았으리라.

만선에 실리어
풍어豊漁를 부르는
어부와 생태의 어지러운 만남—

심장이 멈추고
온몸이 얼어붙은
대관령 진고개 설한풍 속에서
티미한 동태의 고집스런 두 눈으로
매달려 말라가는 세상을 바라본다.

가련한 몸
무슨 업業이 그리 많아
온몸이 부서지는 매를 맞고
갈기갈기 찢기어 숙취를 달래는
북어국으로 해탈을 한다.

은퇴

불가마 세월 삼십여 년에
성한 곳이 없다.

금이 가고 귀 떨어진 질그릇
때워 줄 그 누구도 없는 세상.

한때는 대들보를 떠받친
기둥이었으나 모진 세풍 속에서
인고의 뼈를 깎아 세운 탑이
몸속을 휘젓는 병마의
여진餘震을 넘지 못하고
알약에 기대는 무상의 끝자락에 서있다.

흉몽에 시달리다
화들짝 놀란 자리에는
통증으로 뒤척이는 내가
무리를 벗어난 들소처럼
어느 덧 황량한 고원을 헤맨다.

삶이 퇴색된 빈 가슴
낯선 시간을 벗어나

나이든 고개를 수그린 채
한숨 가득 바랑에 지고
억압된 공간을 피해
새벽 산을 오르면
허공을 헤쳐 온 여명이
머물 곳 없는 나를 어루만진다.

이명耳鳴

불면의 밤
풀벌레들의 아우성이다.

밤마다
물어뜯는 피 끓는 소리는
천상에서 울리는 신의 주술이다.

어슴푸레한 달빛에
창호를 기웃거리는
알 수없는 그림자가
바람을 물고 온 환청의 밤.

세류 속에 흘린
수많은 나의 언어들이
또 다른 세상에 뒤엉켜
끝없는 메아리로 파고든다.

생각 없이 지껄인 말을
다시 들어보란 말인가.

평생을 허공에 떠돌던

풀지 못한 방언放言들이
중력을 잃은 나의 잠 곁에
유령의 괴성으로 붙어 다닌다.

횃불

- 4·3만세 운동 -

그날의 함성이
춘삼월春三月 바람타고 들려옵니다.

왜경倭警의 총칼에도 굴하지 않고
만세를 부르던 무명 두루마기 자락들
피를 토하며 절규하는 함성喊聲—

기미년 사월 삼일 한내 장터
반만년 숨결이 살아남아
숨 쉬는 내포 천리內浦千里
서해의 노도怒濤 구만포九萬浦에 일어섰습니다.

재물봉 봉화대 연기 따라
황금벌에 휘날리는 태극기 물결
천지가 진동하는 우국憂國의 소리
임께서는 광복의 초석을 다지셨습니다.

잔인한 사월에도 흥기興起하는 하늘
평화의 깃발 가슴에 안고
조국을 부르며 살려내는 혼불

임의 목소리 조국강산에 메아리칩니다.

— 義士 인한수, 장문환, 이인성 선생을 기리며

고독한 시위

국회의사당 앞
피켓을 들고 1인 시위를 하고 있다.

소금꽃을 피워가며
광대처럼 일했다는
심장을 파고드는 소리
윤중로 거리에 뿌려진다.

용접공의 땀방울
밤과 낮을 잊은 삶의 꿈
무너져 내리는 가슴을 안고
몽유병자처럼 헤맨다.

응축되지 못한 나의 삶처럼
아수라를 피하지 못하고
외로운 투쟁을 하는 해고자
절망의 눈물이
구멍 난 세상을 빠져나간다.

작품해설 이철호 시집 『노을 속으로』

禪風 俗風과 그리움의 미담

황 송 문
詩人 • 선문대학교 명예교수

언어란 해당 민족 공동체의 얼이 담긴 약속이다. 그러므로 모든 민족은 전설이나 설화, 사상 속에 반영되는 있는 자체의 신화를 지니기 마련이다. 이 신화들은 그 문화적 환경의 성장에 따라서 여러 특징적 형태를 갖추고 있거니와 그것들은 대체로 본질적 보편성을 지닌다.

아득한 원시로부터 조상들이 경험한 생활문화에 대한 유전 기능적 반응을 일으키는 언어란 보편적 약속이 아닐 수 없다. 원시시대로부터 인류의 조상이 경험한 것들이 인간 본성 속 깊은 심금에 그대로 무의식적으로 잠재되어 있어서 문학작품에 내재되어 있다고 보는 원형적 신화를 중요시하는 소이가 여기에 있다.

우리들 인간 개개인의 무의식이란 자기의 과거사, 특히 어린 시절의 과거가 담겨서 발산되지 못하고 그대로 잔류된 내용들이다. 이것의 확대로서 집단무의식이라고 하는 해당 소속 종족의 과거가 잔존하여 있다고 보아왔다.

심리학에서는 인간의 무의식을 사회적 기억, 즉 집단적 무의식의 잔류로까지 이끌어나가게 되자, 무의식적인 어떤 인간 정서의 보편적 원형이 시공을 초월하여 반복되어 변형이나 상사相似를 보인다는 결론에 이르게 되었다.

이철호의 시세계를 살펴보면 「유년의 달」이라든지, 「고사한 노목」「다선송茶禪頌」「흔적痕迹」「풍경소리」「부용芙蓉의 묘에서」 등에서 원형적 집단무의식에 관심하지 않을 수 없게 된다.

은행잎이 내려와 앉은 평상에
삼남매 모여앉아 풋 나락 훑어
소쩍궁 솥 작다 절구방아 찧은 알곡
햅쌀밥 지어 늦은 저녁 먹을 때의
설익은 그 맛, 익은 세월이 아려온다.

풀벌레 소리에 휘감기는 여울목
모여드는 달빛 고향 찾아
고요한 들녘을 걸으면
다시 올 수 없는 유년
눈썹달이 노송 위에 걸린다.

– 「유년의 달」 중 후반부 –

산사가 있는 마을, 저녁 무렵에 절에서 들려오는 만종소리를 들으며 평화로운 가족의 모습이 전개되고 있다. 은행잎이 평상 위로 날리는 가운데, 햅쌀밥을 지어 늦은 저녁을 먹는 정경이 선명하게 드러난다. 거기에 눈썹 같은 초생 달이 노송에 걸리는 정경이 시적 분위기를 돕고 있다. 이 시인에 있어서 '유년의 달'은 추억이 묻어 있는 어머니의 고향으로 전이된다.

살아서 천년 죽어서 천년
수천 년 생명을 펼쳐놓아도
언제나 겸허한 삶

까마귀들이 내려앉는
망연한 골짜기에
푸른 달빛 아래
동안거(冬安居) 참선 중이라네.

이파리를 미련 없이 버리고
공상 펼치던 긴 세월은
뜬구름처럼 흘러가더니
속세를 저만치 내려 보고 섰네.

무심히 보낸 세월
삼독 오욕 칠정 다 떨구고
한 그루 고사한 노목으로 남아
죽음을 건너뛰고 섰네.

―「고사한 노목」 전문 ―

여기에서는 고사한 노목이 의인화되고 있다. 이 시인은 수백 년을 사는 노목에서 경외심을 느끼게 된다. 그것은 유한한 생명의 한계를 지닌 인간으로서의 경외감이다. 속세를 저만치 내려 보고 서있는 노목, 그 노목을 동안거 참선 중으로 보는 고사한 노목에 대한 경외감이다.

이철호 시인은 높은 산에 서있는 고사 노목을 동안거 참선에 드는 스님과 동류동격에 두고 산의 아래에 사는 중생들을 굽어보는 모습으로 의미를 부여하는 불심이 넌지시 내비쳐지고 있다.

황촉 불빛이
창호에 흔들리는 옥당에 앉아
차를 마시며 세상을 바라본다.

흰 구름은 대류무성(大流無聲)
차향은 대숲을 흐르고
묵향은 매화를 스쳐 흐른다.

조선 하늘에 그윽이 흐르는
금란지교의 은은한 향기
다반향초(茶半香初) 속에 숨겨진 미소
미혹(迷惑)에서 벗어나 선정(禪定)에 든다.

– 「다선송(茶禪頌)」 중 후반부 –

차를 즐기며 선정에 든 스님의 그 고매한 인품을 칭송하는 시라 하겠다. 추사고택의 백송白松에 이는 바람이 초의선사를 부르는가보다고 운을 떼면서 추사 주변의 인간관계를 연상하게 하고 있다. 선풍禪風이 느껴지는 이 시는 다도의 즐거움에 운치를 더하려 하고 있다.

링거액이 떨어질 때마다
초침이 사선(死線)을 달린다.

귀뚜라미 가슴 찢는
시골 병원의 중환자실
정체를 알 수 없는 기척에 놀라
창백하게 걸린 형광등이 내려 본다.

여명의 꼬리를 붙들고
안개를 헤쳐온 시간들
수술실 문이 열릴 때마다
생사의 갈림길이 열리고 닫힌다.

메스!
천사의 낮은 소리에
파리한 모래시계는 흘러내리고
피멍든 혈관마다
가늘게 떨어지는 링거액의 절규
핏기 없는 낮달 하나
반딧불같이 희미한 아버지가

피안(彼岸)의 들꽃을 헤아리고 있다.

-「가난한 시간」 전문 -

병실에서 임종을 눈앞에 둔 부친을 낮달에 비유하고 있다. 창백한 낮달은 무력한 무능력의 대상이다. 생사의 갈림길에서 경각에 달린 목숨의 한 끝을 붙들고 있는 링거액 떨어지는 소리가 초침이라는 시간성과 연결되어 있다. 링거액이 떨어지는 공간관념이 초침이 사선을 달린다는 시간관념으로 자연스럽게 환치되고 있다.

'수술실 문이 열릴 때마다 / 생사의 갈림길이 열리고 닫힌다.' 고 표현함으로써 경각에 달린 목숨의 끝자락을 실감나게 보여주고 있다.

채우기 위해 비어있는
기다림의 노을 빛은 잔

모래알 움켜쥔 손가락 사이로
빠져나가는 허무들이 침묵을 밴다.

채워도 채워지지 않는
기다림의 빈 가슴

타는 입술로 닦아내어도
채우지 못한 고독을

따뜻한 가슴에 녹여내는
비울 수 없는 신기루.

– 「빈 잔」 전문 –

여기에서는 빈 잔의 의미가 나타나 있다. 빈 잔을 채워야 한다는 욕망의 당위성이 표현되어 있다. 잔을 채우려고 하면 할수록 더욱 공허해지는 허무의식이 절실하게 표현되고 있다. 키에르케고르는 이러한 경우를 여러 차원에서 갈파하고 있다. 그의 쾌락적 단계와 윤리적 단계와 종교적 단계가 그것이다.

입산하여 수도하는 스님들도 봄날의 풀잎처럼 돋아나는 번뇌를 쫓기에 힘겨워하는데, 불심이 돈독하다 하지만 속세에 머물고 있는 이 시인이 갈등 없는 단계로 뛰어넘을 수는 없는 노릇이다. '빈 잔'에서 허무를 느끼고 채우고자 한다고 하지만 채워지지 않아 고독을 느끼는 심상은 당연한 현실이요 인간의 숙명이다. 오죽하면 사홍서원四弘誓願에서도 번뇌무진서원단煩惱無盡誓願斷이라 했겠는가.

햇살이 파도를 빗질하고 있다.

학기마다 새롭게 물결치는 교정
아름다운 결실을 위하여
푸른 소망을 가슴에 안고

새롭게 열어간다.
-「청춘의 물결」 중 앞부분-

'청춘의 물결'의 표현이 신선하다. 이러한 신비적인 언어가 일상적 실용언어로 풀어졌다. 피아노나 가야금을 조율하듯이 언어의 긴축정책 구조조정으로 조율할 필요가 있겠다.

老松이 시묘살이를 하고 있다.

하현달 내려앉은
쓸쓸한 무덤가에서.

갈기갈기 찢긴
이름 없는 여인들의 넋들
솔가지에 매달려 통곡하는가.

위패처럼 새겨진 흔적
영혼마저 찢겨진 진액의
눈물이 가슴 사이로 흘러내린다.
-「흔적(痕迹) 2」 중 전반부 -

'노송老松'이 지조와 절개를 상징한다면 '시묘살이'는 효孝의 진수라 하겠다. 그래서 늙은 소나무는 제재

로서의 적재적소라 하겠다. 이는 역사의식이 바탕에 깔려 있는 시로서 언어의 적재적소를 극명하게 보여준 셈이다.

'老松이 시묘살이를 하고 있다' 거나 '탄식의 비석에 조문하는 바람…' 이 그것이다. 역사의 증인으로서 천년송千年松의 숨결이 잡힐 듯하다.

서해로 끌려가는 하루
외로울 때는 갈매기 날개 뒤로 숨고
황금 비늘 따라 빨려가는 낙조는
그물망 속에서 조각나며
바다 교향시를 쓴다.

핏빛 수평선 위로
작은 섬들이 돌아나가고
기러기 목청을 고르며
황혼에 젖은 저녁 바다
모래톱 위로 흐르는 물결
고별의 노래를 연주한다.

– 「해변의 노래」 중 3, 4연 –

그의 시 「해변의 노래」는 해변 풍경이 선명하다. 저녁노을을 배경으로 전개되는 수채화 그림이 선명하게 그려지고 있다.

수평선을 베고 누운
저녁노을이 술청에 들고

벼 벤 그루터기만 남은 들녘
남루한 법의 걸친
허수아비 법열(法悅)에 든다.

대숲에 숨어온 어둠이
비둘기를 몰고 와
신화(神話) 속 하루를 잠재운다.
— 「풍경(風景)」 전문 —

깊은 산 고적한 산사(山寺)
풍경은 참선에서 깨어나는가.

시를 걸어놓은
영혼의 정토음(淨土音).

고해(苦海)의 티끌 털고
새벽을 여는 해탈음……
— 「풍경소리」 전문 —

그의 시 「풍경」은 재미있는 풍경화다. 단순한 서경 묘사보다 도시의 풍경화가 아니라 선풍禪風과 속풍俗風이 함께 공존하는 풍경화다. 단순한 서경, 도시의 풍경화가 아니라 선품과 속풍이 함께 공존하는 서정시로서의 풍경화다.

이 뒤로 이어진 「풍경소리」 역시 단순한 풍경소리가 아니다. 그것은 정제되고 여과된 언어다. 절제에서 오는 감결함에서 시적 효과를 거두고 있다. 이는 긴축된 응축의 묘미를 보여주고 있다는 점에서 관심을 갖게 하는 시에 속한다. 독자에게 여운을 남도록 하는 울림이 있는 시에 속하기 때문이다.

장독대 위에
어머니의 주술이 흐른다.

정안수 사발에
초승달 머물다 가면
한숨소리 눌러 끄고
별을 보는 애잔한 모습.

바람 잘 날 없는 집안
근심 걱정에 머리에는
세월이 또 하나 늘어갔다.
－「세월」 전문 －

봄빛 흥건한 산모퉁이를 돌면
햇살도 퍼질러 앉은 무덤가에
아득한 그리움이 살아오네.
옹이가 박힌 가슴
마파람을 달고 사신 할머니

흰 구름에 애잔한 웃음이 피네.

바람에도 흔들이지 않는
관음보살 닮은 손
정안수 올려놓은 손

올 봄에도 자주고름 유난히
노을로 빗질하는 산모퉁이에서
세모시 갈아입은 할미꽃 피네.

-「할미꽃」 전문 -

시작품 「세월」에서는 '장독대'라는 우리 고유의 생활문화재에 민속적 언어, 토속적 언어, 주술적 시어가 흐르고 있다. 결구는 어머니의 '흰머리'를 나타내지 않고 '세월'이라는 시간관념으로 환치시킴으로써 모호성을 더하고 있다.

그 다음의 「할미꽃」은 「세월」과 동류다. '할미꽃'이라는 사물에서 보살 닮은 할머니의 손을 연상한다. 그것은 종교적 손이면서 민속 토속의 손이다. 가문의 안녕을 기원하는 종교와 윤리, 그리고 민속 토속이다.

호리병 기울어 잔을 채우고
삼배 사배 절하자
낙엽이 우수수 내려와
옷소매 자락을 휘적신다.

詩道가 얼마나 멀고도 험하냐고
거나한 김에 뇌까리자
돌아오는 산새소리
시어(詩語)로 쫑알거린다.

－「부용(芙蓉)의 묘에서」 중 일부 －

옛 시인의 무덤을 찾아 경배하는 이철호 시인의 태도가 아름답고 로맨틱하다. 여기에서는 동류로 느껴지는 동일체의식에서 오는 정서의 일체의식을 내비치고 있다. 이 시인은 시를 창작하고 생산하는 일이 얼마나 힘겨운 일인지를 체험해 왔기 때문에 동류의 시인으로서 부용의 고초를 미루어 짐작하는 데서 오는 동일체의식에 젖어있다 하겠다. 인생파적인 애환이 손에 잡힐 듯하다.

언어란 해당 민족 공동체의 얼이 담긴 약속이라고 보게 될 때 그 약속을 위반하지 않으려는 이철호 시인의 시는 불교적 선풍과 생활의 속풍을 넘나들며 그리움의 미담의 직조를 보이고 있다. 앞으로 문채文彩 더욱 진경을 보여주기 바란다.

이철호 시집 노을 속으로

초판인쇄 2012년 9월 10일
초판발행 2012년 9월 12일
지 은 이 이철호
발 행 인 황송문
펴 낸 곳 문학사계
주 소 서울특별시 영등포구 문래6가 56-1
미주프라자 B1 102호
전 화 070-8845-9759
(010)2561-5773
팩 스 (02)2676-9759
이 메 일 songmoon12@hanmail.net
등 록 2005년 9월 20일
제318-2007-000001호

값 7,000원
ISBN 978-89-93768-26-8 03810

배포처 자유문고 (02)2637-8988